Habilidades Sociales de Seis Minutos

Habilidades de Conversación para Niños con Autismo y Asperger

Happy Frog Press

Primera Impresión, 2019

ISBN 978-1-989505-04-5

Happy Frog Press

www.HappyFrogPress.com

Sobre Happy Frog Press

Happy Frog Apps y Happy Frog Press crean recursos de alta calidad para niños de primaria con autismo y otros desafíos sociales o del lenguaje.

Creemos que todos los niños pueden aprender, siempre y cuando se les proporcione un entorno de aprendizaje que se adapte a sus necesidades.

www.Facebook.com/HappyFrogApps

@HappyFrogApps

www.HappyFrogApps.com

Tabla de Contenidos

Introducción: Habilidades Sociales de Seis Minutos

Bienvenidos a la serie de **Habilidades Sociales de Seis Minutos.** Esta colección está diseñada para padres y profesionales que cuentan con poco tiempo disponible, y que además requieren de métodos prácticos, aunque efectivos, para trabajar con estudiantes que tienen autismo, Asperger y otras habilidades sociales similares.

Este libro de trabajo le proporcionará actividades que serán dictadas paso a paso, a fin defortalecerel desarrollo en las habilidades de conversación de los estudiantes. Al seguir este libro de trabajo, los alumnos aprenderán a desarrollar lo siguiente:

- Descubrir los intereses de su amigo para poder comunicarse
- Adoptar un tema de interés de su amigo y evitar centrarse en sus propios intereses especiales
- Demostrar que está escuchando mediante su lenguaje corporal, contacto visual y comentarios apropiados
- Responder a un amigo con preguntas y comentarios con un seguimiento apropiado
- Identificar cuándo un tema está en progreso y no interrumpirlo
- Participar en conversaciones de varios turnos, permaneciendo en el tema y mostrando interés en sus amigos.

Estas habilidades se desarrollarán gradualmente mediante una constante práctica, lo que permitirá a su estudiante hacer progresos significativos semana tras semana.

El libro de trabajo contiene cuarenta y tres hojas de trabajo, estas organizadas en 6 áreas con una idea clave correspondiente. Cada hoja de trabajo es precedida por una guía para padres/educadores que contiene sugerencias con actividades alternas y de expansión.

Los niños con TEA (Trastorno del Espectro Autista) necesitan habilidades de conversación fuertes. Por lo tanto, este libro de trabajo es la guía que usted necesita para asegurar ese éxito.

Cómo Preparar una Sesión de Seis Minutos

Queremos que usted y su estudiante se diviertan mientras realizan cada sesión de 6 minutos, es por eso que le enumeramos algunas sugerencias previas.

1. ¡No se preocupe si nunca escribe en el libro de trabajo!

La conversación es una habilidad oral. Llenar un libro de trabajo NO es practicar una conversación. Dicho esto, use el libro de trabajo cada que lo necesite, sea como una guía para discusiones, una guía para la práctica oral, una hoja de trabajo en sí, o lo que sea que ayude a su estudiante a aprender y retener algo nuevo.

2. No tenga miedo a repetir

En la serie de seis minutos, hemos dividido las habilidades de conversación en breves fases para una mejor asimilación. Lo cierto es que su aprendiz no siempre desarrollará estas habilidades instantáneamente. De suceder eso, no tenga miedo en repetir la hoja de trabajo hasta que su estudiante desarrolle la confianza necesaria.

Si detecta algún gesto de aburrimiento, mezcle la revisión en cuestión con nuevas lecciones. En cualquier caso, no se aleje demasiado si su estudiante todavía necesita ayuda con las habilidades anteriores.

3. Asegúrese de ser recíproco

Una gran forma de aprender es asumiendo el rol de maestro. Una vez que su estudiante muestre progreso en alguna habilidad, cambie de lugar para que sea **usted** quien tenga que responder. Seguido, estimule a que su alumno le diga qué hay de malo en su respuesta.

4. Tenga un horario permanente

El repaso constante es importante si desea alcanzar una meta. Elija un horario regular para sus sesiones de seis minutos. Obtenga el consentimiento de su estudiante y ¡apéguese a él!

También recomendamos tener un método permanente para realizar cada sesión de seis minutos. Esto le permitirá obtener progresos al instante y ayudará además a mantener a su estudiante en un pleno estado de adaptación. A continuación, presentamos un calendario que hemos encontrado exitoso.

1. Revisar la última sesión

Repase brevemente la idea clave y la actividad de la hoja de trabajo más reciente. Permita que el estudiante vea la hoja de trabajo mientras usted la discute.

> *Comencemos. Sobre lo que hicimos la última vez, ¿recuerdas cuál fue la idea clave de esa lección?*
>
> *<Esperar la respuesta del estudiante>*
>
> *Correcto. ¿Y qué nos enseñaba este gráfico?*
>
> *<Esperar respuesta del estudiante>*
>
> *Asombroso. Veamos qué haremos hoy.*

2. Presentar la idea clave del día

Todas las lecciones tienen una "idea clave". Este es un concepto simple, pero útil, el cual los estudiantes deben reconocer. Cuando usted presenta la idea clave, puede hacer referencia a ella cuando sea necesario durante el día a día.

Por ejemplo, cuando haya presentado la idea clave de hablar sobre los intereses compartidos, puede recordarle a su estudiante cada vez que solo habla de sus propios intereses.

Adicionalmente, durante cada lección, use un proceso de 3 pasos para presentar la idea clave.

2.1. LEER:

Haga que su estudiante lea la idea clave, o usted mismo léala si no puede leerla.

> *Esta es la idea clave de hoy. ¿Me la puedes leer?*

2.2. PARAFRASEAR:

Después que el estudiante haya leído la idea clave, parafraséela brevemente de una forma que se asimileal nivel de comprensión de su estudiante.

> *¡Bien hecho! Entonces, supongo que eso significa que todos tenemos intereses diferentes, pero es posible encontrar cosas en las que ambos estamos interesados.*

2.3. CONECTAR:

Hable con su estudiante sobre la idea clave. Por ejemplo, usted podría pensar en algún ejemplo de la vida de su estudiante que se conecte con la idea clave.

3. Completar y revisar la hoja de trabajo

Usted puede completar la hoja de trabajo por escrito u oralmente. Cualquiera de estos dos enfoques es efectivo. En cualquier caso, proporcione todo el apoyo necesario para completar la hoja de trabajo. Tenga en cuenta que su objetivo en cada hoja de trabajo es que el estudiante alcance el punto en donde pueda demostrar la habilidad de forma independiente.

Cuando la hoja de trabajo esté completa, revísenla juntos. Si esto se le hace difícil a su estudiante, usted puede proporcionar su propio modelo. Describa o parafrasee lo que el estudiante ha escrito/dicho. Si es posible, relacione de nuevo la idea clave con rutinas de su vida. Por ejemplo:

> *Veo que te interesan algunas cosas. Te gusta nadar, ir a caminar, ir a la tienda de juguetes y jugar Minecraft. A tu mamá también le gustan algunas de estas cosas. A ella le gusta nadar e ir a caminar, pero no le gusta jugar Minecraft.*
>
> *Eso es muy interesante.*
>
> *Puedo ver que tienen varios intereses compartidos. A los dos les gusta nadar e ir a caminar.*

4. Práctica adicional (opcional)

Su estudiante puede necesitar una práctica adicional. Para esos casos, la mayoría de las hojas de trabajo tienen sugerencias sobre cómo ampliar el desarrollo de las habilidades.

5. Retomar la idea clave

Dirija la atención de su estudiante a la idea clave. Pídale que le repita la idea clave y luego hágale una pregunta en donde pueda relacionaresta misma con la hoja de trabajo o con su propia vida diaria.

> *¡Buen trabajo! Ahora retomemos la idea clave. ¿Cuál era nuestra idea clave?*
>
> *<Espere la respuesta del estudiante>*
>
> *Exacto. Tanto tú como tu mamá tienen sus propios intereses, pero también comparten algunos. ¿Qué intereses compartidos tienen tú y tu mamá?*
>
> *<Espere la respuesta del estudiante>*
>
> *¡Fantástico! Sí, a ti y a tu mamá les gusta ir a caminar. Eso es un interés compartido.*

6. Felicitar a su estudiante y terminar la sesión

Finalmente, usted debe proporcionar comentarios que animen a su estudiante durante la sesión de seis minutos. Por lo tanto, asegúrese de terminar siempre con un comentario positivo. Felicite a su estudiante e identifique algo que hizo bien durante la sesión.

¡Diviértanse!

Tema 1
Descubra los intereses compartidos

Antecedentes

Nuestro primer tema es aprender sobre los intereses compartidos.

Es muy importante conocer los intereses compartidos porque la mayoría de las conversaciones se centran en temas que son interesantes para ambos locutores. Lo cierto es que los niños con autismo suelen hablar de sus propios intereses en lugar de los intereses compartidos, y pueden no ser conscientes de que la otra persona no está interesada en el tema que habla.

En este capítulo, guiamos al estudiante a través del proceso de pensar sobre los intereses que comparte con personas importantes en su vida. Su estudiante aprenderá que los intereses compartidos cambian dependiendo la persona.

El estudiante también practicará las siguientes 3 estrategias para identificar los intereses de sus amigos:

1. Hacer una pregunta sobre temas 'favoritos'
2. Preguntar '¿Qué hiciste...?'
3. Escuchar lo que dice su amigo.

Estas estrategias ayudarán a los estudiantes a aprender más sobre sus amigos y a invocar más temas para hablar.

Guía del capacitador: Intereses que comparto con mi mamá

Referencia rápida:

» Presente el libro de trabajo 'Habilidades Sociales de Seis Minutos'

» Presente la idea clave (leer, parafrasear, conectar)

» Completar y revisar la hoja de trabajo

» Práctica adicional

» Retomar la idea clave

» Felicitar a su estudiante y terminar la sesión

Notas generales: La hoja de trabajo utiliza a 'mamá' como comparación. Usted puede reemplazar a la mamá con alguien igualmente importante en la vida de su estudiante.

Práctica adicional: Elija otra persona importante en la vida de su estudiante. Haga que su estudiante describa los intereses de esa persona e identifique qué intereses comparte con la misma.

Su objetivo es hacer que su estudiante piense en los intereses compartidos sin necesidad de contar con el apoyo visual del gráfico. Si su estudiante tiene dificultades con esta actividad, dibuje un gráfico en una hoja de papel para que lo use como soporte.

Si su estudiante sigue necesitando apoyo visual, vuelva a hacer la hoja de trabajo en su próxima sesión a fin de practicar más. Es importante que su estudiante desarrolle una fluidez al pensar en los intereses de otras personas.

Después de la sesión: En la vida cotidiana, anime a su estudiante a identificar los intereses que comparte con los amigos que tiene.

Sus notas/ideas adicionales:

1.1 Intereses que comparto con mi mamá

Idea ⭐ Clave

*Mi mamá y yo tenemos nuestros propios intereses. Algunos de nuestros intereses son **intereses compartidos.***

Ejercicios:

Mis Intereses

Intereses compartidos

Intereses de Mamá

_____
_____
_____

_____
_____
_____

_____
_____
_____

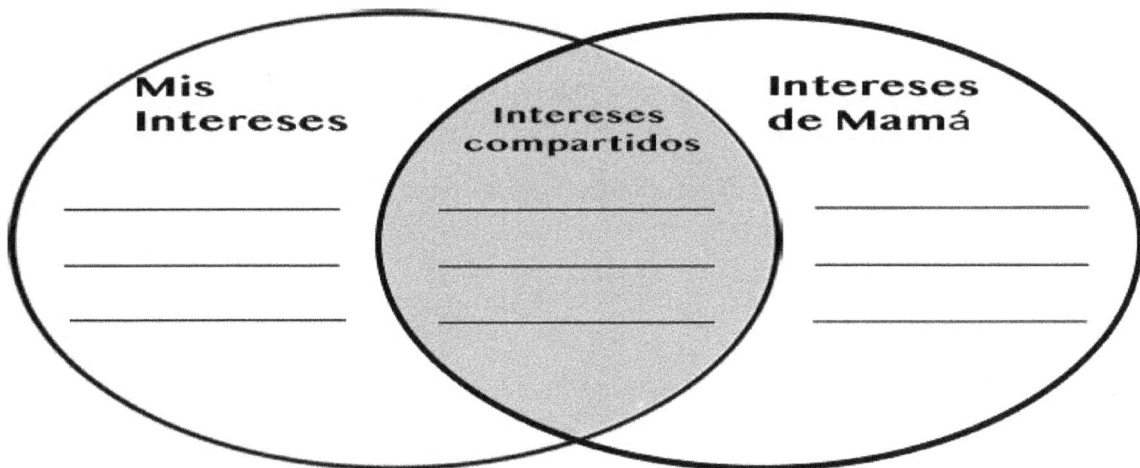

Mi mamá y yo compartimos el interés en_____.

A mi mamá le gusta _____, pero a mí no.

A mí me gusta _____, pero a mi mamá no.

Guía del capacitador: Intereses que comparto con mis amigos

Referencia rápida:

> » Revisar la última hoja de trabajo

> » Presente la idea clave (leer, parafrasear, conectar)

> » Completar y revisar la hoja de trabajo

> » Práctica adicional

> » Retomar la idea clave

> » Felicitar a su estudiante y terminar la sesión

Notas generales: Enfatice los intereses compartidos para mostrar cómo los intereses que su estudiante comparte con su primer amigo/familiar son diferentes a los intereses que su estudiante comparte con un segundo amigo/familiar.

Práctica adicional: Elija un amigo/familiar adicional para que su estudiante practique sin un apoyo gráfico.

Después de la sesión: Haga que su estudiante piense sobre los intereses que comparte con los amigos que se encuentre en la presente semana.

Sus notas/ideas adicionales:

1.2 Intereses que comparto con mis amigos

⭐

Mis intereses compartidos son diferentes, dependiendo en quién estoy pensando.

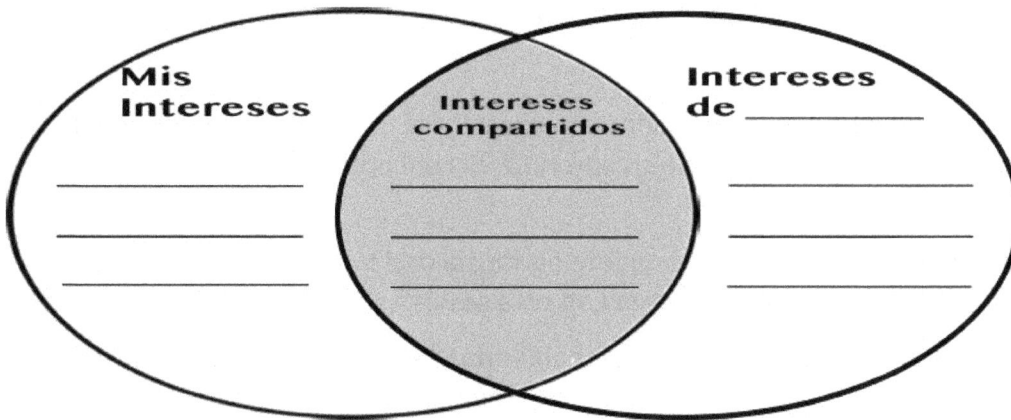

Mis Intereses
Intereses compartidos
Intereses de _____

_____
_____
_____
_____
_____
_____
_____
_____

Mi amigo _____ y yo estamos interesados en _____.

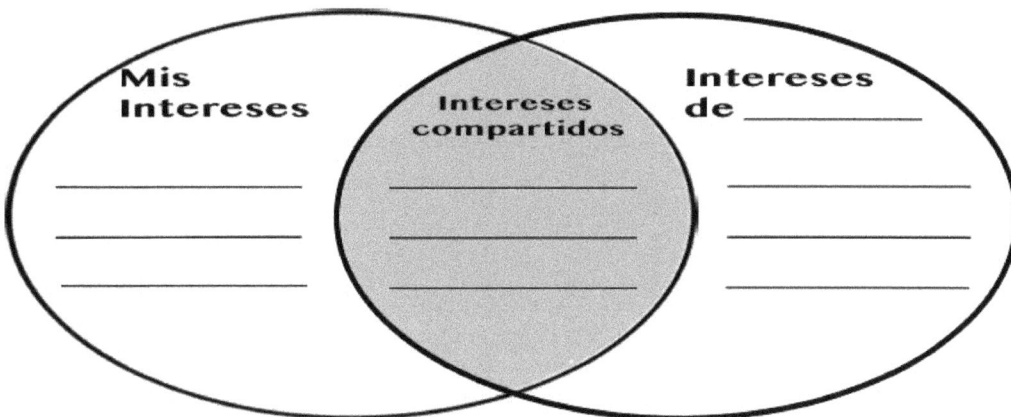

Mis Intereses
Intereses compartidos
Intereses de _____

_____
_____
_____
_____
_____
_____
_____
_____

Mi amigo _____ y yo estamos interesados en _____.

Guía del capacitador: Hablar sobre lo que nos interesa

Referencia rápida:

> » Revisar la última hoja de trabajo

> » Presente la idea clave (leer, parafrasear, conectar)

> » Completar y revisar la hoja de trabajo

> » Práctica adicional

> » Retomar la idea clave

> » Felicitar a su estudiante y terminar la sesión

Notas generales: Los intereses compartidos son excelentes temas de conversación. Esta lección presenta esta importante idea a su aprendiz. El concepto será reforzado en las posteriores hojas de trabajo.

Práctica adicional: Elija otro amigo y complete de forma oral las preguntas de la hoja de trabajo con referencia a ese amigo. Prosiga con esta sesión si es necesario practicar más.

Después de la sesión: Si el estudiante decide hablar mucho sobre sus propios intereses, de vez en cuando oriéntelo a dialogar sobre los intereses compartidos eligiendo un tema más apropiado para hablar. Además, es preciso que prepare a su estudiante antes de los encuentros con familiares o amigos. Pídale que identifique uno o dos intereses compartidos antes de hablar con su acompañante.

Sus notas/ideas adicionales:

1.3 Hablar sobre lo que nos interesa

⭐

A todos les gusta hablar de cosas que le interesan.

Le Gustan

Videojuegos
Perros
Esquí

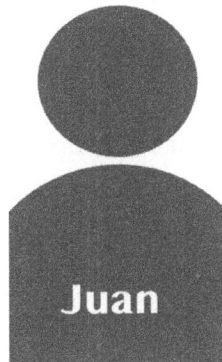

Juan

No Le Gusta

Senderismo
Serpientes
Delados

Completa las frases.

Creo que a John le gusta hablar de _____ y

_____.

Creo que a John no le gusta hablar de _____.

Cuando hablo con John, podría hablar de _____.

Guía del capacitador: Hablar sobre intereses compartidos

Referencia rápida:

» Revisar la última hoja de trabajo

» Presente la idea clave (leer, parafrasear, conectar)

» Completar y revisar la hoja de trabajo

» Práctica adicional

» Retomar la idea clave

» Felicitar a su estudiante y terminar la sesión

Notas generales: El mensaje de la presente sesión es muy importante para los estudiantes con TEA, ya que estos tienden a enfocarse en sus propios intereses.

Práctica adicional: Elija otro amigo y complete de forma oral las preguntas de la hoja de trabajo tomando como referencia al amigo. En base a las respuestas, su estudiante primero identificará algunos intereses compartidos y luego elegirá dos de los que podría hablar.

Si su estudiante no sabe qué le interesa a su amigo, no se preocupe. Esto es común en los niños con TEA. Usted trabajará para descubrir los intereses de un amigo en las siguientes hojas de trabajo.

Después de la sesión: Esté preparado para extender a su alumno muchos recordatorios sobre cómo elegir un tema de interés para él y su amigo. Prepararse con anticipación es un excelente método. Usted puede ir disminuyendo ese anticipopara cuando su estudiante comience a elegir los temas apropiados independientemente.

Sus notas/ideas adicionales:

1.4 Hablar sobre intereses compartidos

★

Cuando hablo, debo elegir un tema que le interese a mi amigo.

Utilizando la hoja de trabajo 1.2, responde las siguientes preguntas.

Amigo # 1

El nombre de mi amigo es _____.

Cuando hablo con ella/él, puedo hablar de

_____ o _____.

Mi amigo podría aburrirse si hablo mucho de

_____.

Amigo # 2

El nombre de mi amigo es _____.

Cuando hablo con ella/él, puedo hablar de

_____ o _____.

Mi amigo podría aburrirse si hablo mucho de

_____.

Guía del capacitador: Haga una pregunta sobre temas favoritos

Referencia rápida:

» Revisar la última hoja de trabajo

» Presente la idea clave (leer, parafrasear, conectar)

» Completar y revisar la hoja de trabajo

» Práctica adicional

» Retomar la idea clave

» Felicitar a su estudiante y terminar la sesión

Notas generales: Comúnmente, los niños con TEA no prestan atención a los intereses de sus amigos. Por lo tanto, puede ser difícil elegir un interés compartido apropiado para ellos. Las siguientes tres hojas de trabajo enseñan a los estudiantes estrategias simples para descubrir qué les interesa a sus amigos.

Práctica adicional: Anime a su estudiante a que practiquea formular una pregunta a amigos y familiares. Si esto ayuda, dibuje un gráfico con los intereses de los amigos de sus estudiantes. Su estudiante puede completar gradualmente el gráfico mientras habla con sus amigos y familiares y usa la pregunta "¿Cuál es su _____ favorito?"

Considere ofrecer una recompensa por completar toda la gráfica.

Después de la sesión: Antes y después de los encuentros con amigos y familiares, involucre a su estudiante auna discusión sobre lo que le interesa a su amigo o familiar. Indique o prepare a su estudiante para hacer una pregunta sobre algún tema favorito a fin deaprender más sobre su compañero de conversación.

Sus notas/ideas adicionales:

1.5 Haga una pregunta sobre temas favoritos

⭐

Puedo averiguar los intereses de mis amigos preguntando:

"¿Cuál es tu _____ favorito?"

Inventa algunas oraciones para descubrir los intereses de un amigo.

¿Cuál es tu _____*película*_____ favorita?

¿Cuál es tu _____ favorito?

¿Cuál es tu _____ favorito?

¿Cuál es tu _____ favorito?

Elige una de estas preguntas y pregúntale a tu capacitador o a alguien cercano. Luego completa estas oraciones.

Hablé con _____.

Su _____ favorito es _____.

Sé que _____ está interesado en _____,

por lo que puedo hablar con él/ella sobre _____.

Guía del capacitador: Preguntar sobre las actividades recientes

Referencia rápida:

» Revisar la última hoja de trabajo

» Presente la idea clave (leer, parafrasear, conectar)

» Completar y revisar la hoja de trabajo

» Práctica adicional

» Retomar la idea clave

» Felicitar a su estudiante y terminar la sesión

Notas generales: Es importante que los estudiantes tengan diferentes estrategias para aprender sobre sus amigos, dado que no querrá que se vuelvan rígidos y siempre hagan la misma pregunta.

Práctica adicional: Anime a su estudiante a practicar estas preguntas con amigos y familiares. Si su estudiante está listo, amplíe sus habilidades para incluir preguntas sobre lo que los amigos harán en el futuro. Por ejemplo, preguntando "¿Qué harás este fin de semana?"

Después de la sesión: Pídale a su estudiante que practique estas preguntas en su vida diaria y le informaré en la próxima sesión.

Sus notas/ideas adicionales:

1.6 Preguntar sobre las actividades recientes

⭐

Puedo averiguar los intereses de mi amigo al preguntar: "¿Qué

hiciste _____?"

Inventa algunas oraciones para descubrir los intereses de un amigo.

¿Qué hiciste el _____*fin de semana pasado*_____?

¿Qué hiciste _____?

¿Qué hiciste _____?

¿Qué hiciste _____?

Elige una de esas preguntas y pregúntale a tu capacitador. Luego completa estas oraciones.

Hablé con _____.

Recientemente, él/ella _____.

Por esto, sé que _____ está interesado en

_____, por lo que puedo hablar con

él/ella sobre _____.

Guía del capacitador: Escuchar para encontrar intereses compartidos

Referencia rápida:

> » Revisar la última hoja de trabajo

> » Presente la idea clave (leer, parafrasear, conectar)

> » Completar y revisar la hoja de trabajo

> » Práctica adicional

> » Retomar la idea clave

> » Felicitar a su estudiante y terminar la sesión

Notas generales: Esta hoja de trabajo puede ser difícil para un niño que:

* No presta atención a la conversación de sus compañeros
* No participa en las conversaciones
* No participó en una conversación recientemente.

¡No hay problema! Es por eso que usted está utilizando este libro.

Si su estudiante no puede acceder a la información recordando conversaciones de la vida real, tiene varias opciones. Encuentre una conversación en la que él/ella escuche... ¡sin invadir la privacidad de nadie, por supuesto! ¿Hay algún otro familiar al que pueda invitar para tener una conversación? ¿Otros miembros del círculo personal? ¿Compañeros? ¿Puede hacer que su estudiante preste atención durante la cena familiar para ver qué temas hablan sus familiares?

Si no hay conversaciones de la vida real a su alrededor, practique utilizando segmentos de una película o programa de TV favorito.

Si tiene que usar estas estrategias alternativas, asegúrese de pasar unos días en esta hoja de trabajo y trabajar con su estudiante hasta que pueda hablar sobre una conversación en la que haya participado. El objetivo final es que el estudiante aprenda sobre lo que le interesa a sus compañeros al prestar atención a los temas que hablan.

Después de la sesión: Motive a que su estudiante informe en la próxima sesión sobre un interés compartido que pudo determinar al escuchar a su compañero de conversación.

Sus notas/ideas adicionales:

1.7 Escuchar para encontrar intereses compartidos

⭐

Puedo averiguar los intereses de mi amigo al escucharlos temas que él o ella eligen hablar.

Piensa en una conversación de la que formaste parte el día de hoy. ¿De qué temas habló tu amigo?

Mi amigo _____ habló sobre _____.

Puedo adivinar que mi amigo está interesado en _____.

Mi amigo _____ habló sobre _____.

Puedo adivinar que mi amigo está interesado en _____.

Mi amigo _____ habló sobre _____.

Puedo adivinar que mi amigo está interesado en _____.

Guía del capacitador: Revisión de intereses compartidos

Referencia rápida:

> » Revisar la última hoja de trabajo

> » Presente la idea clave (leer, parafrasear, conectar)

> » Completar y revisar la hoja de trabajo

> » Práctica adicional

> » Retomar la idea clave

> » Felicitar a su estudiante y terminar la sesión.

Notas generales: Utilice el tiempo de hoy para revisar las siguientes tres estrategias que su estudiante ha aprendido para averiguar los intereses de un amigo:

- Hacer preguntas sobre temas favoritos
- Preguntar "¿Qué hiciste...?"
- Escuchar los temas que hablan mis amigos.

Práctica adicional: Preguntar sobre las conversaciones que tuvo su estudiante durante la semana. ¿Qué sabe sobre los intereses de sus amigos gracias a esas conversaciones?

Después de la sesión: Después de los encuentros con amigos o familiares, pregúntele a su estudiante qué temas mencionaron y qué puede decir sobre los intereses y gustos de sus compañeros de conversación.

Sus notas/ideas adicionales:

1.8 Revisión de intereses compartidos

⭐

Revisión.

Para averiguar los intereses de mi amigo puedo:

1. _____

2. _____

3. _____

Tema 2
Decidir de qué hablar

Antecedentes

En esta sección, los estudiantes practican la elección de temas apropiados.

Las primeras lecciones se enfocan en usar **preguntas apropiadas para iniciar los temas**. Se puede usar una pregunta de para generar un tema o simplemente proponer un tema nuevo en la conversación con un amigo. Los estudiantes usan la información sobre intereses compartidos para hacer las preguntas apropiadas e iniciar temas.

Los estudiantes aprenderán las preguntas para iniciar los temas:

- Deben ser sobre los intereses de sus amigos
- Deben ser sobre eventos o actividades recientes
- Deben pedir nueva información.

Luego, los estudiantes aprenden a seguir las pistas de sus amigos para saber sobre qué quieren hablar.

Guía del capacitador: *Pensar en lo que sé*

Referencia rápida:

» Revisar la última hoja de trabajo

» Presente la idea clave (leer, parafrasear, conectar)

» Completar y revisar la hoja de trabajo

» Práctica adicional

» Retomar la idea clave

» Felicitar a su estudiante y terminar la sesión.

Notas generales: Si su estudiante tiene dificultades para completar la hoja de trabajo, esta será una pista de que su estudiante está enfocado en sus propios intereses y no ha prestado atención a los amigos. En este caso, comunique a su estudiante que ser un amigo significa saber qué le interesa a su amigo.

Comience utilizando a un familiar como modelo para completar la hoja de trabajo, pues será más fácil. Si está adaptación la tarea, asegúrese de plantearlo con personas reales y no asista los personajes de sus programas de televisión favoritos o inventados.

La próxima vez que te sientas a hacer habilidades sociales, quédate con esta hoja de trabajo. Trabaje con su estudiante para representar cómo podría descubrir esta información de un amigo. Su objetivo es reunir poca información por día hasta que pueda completar el gráfico de uno o más amigos.

Cuando su estudiante pueda completar la hoja de trabajo de uno o más amigos, estará listo para continuar.

Práctica adicional: Elija amigos y familiares adicionales y hable con su estudiante sobre lo que sabe de ellos. Sería ideal que su estudiante pueda hacer esto con poco o ningún apoyo gráfico.

Después de la sesión: Cuando se encuentre con personas conocidas en la vida diaria, pregúntele a su estudiante qué cosas sabe sobre esa persona. Puede ampliar la habilidad de su estudiante haciendo que formule una pregunta que le podría ser útil para aprender más sobre su amigo.

Sus notas/ideas adicionales:

2.1 Pensar en lo que sé

⭐

Para decidir de qué hablar con tu amigo, piensa en lo que sabes sobre tu amigo.

Elige dos amigos y completa la información.

Gustos

Actividad Reciente

Noticias de la Familia

Planes

Gustos

Actividad Reciente

Noticias de la Familia

Planes

Guía del capacitador: Elegir un interés compartido

Referencia rápida:

> » Revisar la última hoja de trabajo

> » Presente la idea clave (leer, parafrasear, conectar)

> » Completar y revisar la hoja de trabajo

> » Práctica adicional

> » Retomar la idea clave

> » Felicitar a su estudiante y terminar la sesión.

Notas generales: En esta lección, su estudiante comienza a establecer la conexión entre lo que sabe sobre una persona y cómo eso afecta a lo que pregunta al momento de hablar con esa persona.

Asegúrese de que su estudiante use varias preguntas en lugar de confiar en una pregunta del "inventario" que le permita superar muchas situaciones. Usted necesita que su estudiante practique el proceso de pensar en una persona para elegir una pregunta adecuada.

Práctica adicional: Utilice diferentes familiares y amigos y haga que su estudiante identifique dos o tres preguntas que podría usar para iniciar una conversación. Su estudiante tendrá que pensar en los intereses, identificar un interés compartido y crear una pregunta. ¡Es una gran práctica!

Después de la sesión: Prepare a su estudiante antes de situaciones sociales para pensar en algunas buenas preguntas para hacerle a sus amigos o familiares.

Sus notas/ideas adicionales:

2.2 Elegir un interés compartido

⭐

Para decidir de qué hablar con tu amigo, elige algo que le interese a tu amigo.

Dibuja una línea desde cada tema hasta el amigo que más te convenga.

Le gusta		**Actividades recientes**		**Le gusta**		**Actividades recientes**
Minecraft		Senderismo		Cocina		Final de béisbol
Fútbol		Estudió matemáticas		Béisbol		Excursión escolar
Noticias familiares		**Planes**		**Noticias familiares**		**Planes**
Nueva hermanita		: Ahorrar para un teléfono nuevo		Papá consiguió nuevo trabajo		Comprar tarjetas de Pokémon
		Esquiar				

¿Quién ganó en el béisbol?

¿Cómo está tu hermana?

¿Cuándo buscarás tus cartas de Pokémon?

¿Cómo te fue en la caminata?

¿A tu papá le gusta su nuevo trabajo?

¿Has decidido qué teléfono comprarás?

Ahora, mira la hoja del trabajo anterior (2.1). Para cada amigo, escribe dos preguntas que podrías hacer para iniciar una conversación con ese amigo.

_____   _____

_____   _____

Guía del capacitador: *Preguntar algo reciente*

Referencia rápida:

» Revisar la última hoja de trabajo

» Presente la idea clave (leer, parafrasear, conectar)

» Completar y revisar la hoja de trabajo

» Práctica adicional

» Retomar la idea clave

» Felicitar a su estudiante y terminar la sesión.

Notas generales: A pesar de que su estudiante puede estar tomando excelentes decisiones sobre los temas, quizás se esté centrando en aspectos del tema que son confusos para sus amigos. En las siguientes tres lecciones, proporcionaremos pautas para hacer mejores elecciones de temas.

En esta lección, su estudiante practicará a preguntar sobre actividades recientes en lugar de actividades del pasado.

Práctica adicional: Elabore 3 o 4 ejemplos más para que su estudiante practique sin un apoyo gráfico.

Después de la sesión: Si es necesario, proporcione recordatorios leves para el estudiante en situaciones cotidianas.

Sus notas/ideas adicionales:

2.3 Preguntar algo reciente

Para decidir de qué hablar con tu amigo, pregúntale algo reciente.

Para cada amigo, elige la mejor pregunta.

¿Fuiste a Disneylandia el fin de semana?

¿Fuiste a Disneylandia hace tres años?

¿Dónde fue tu fiesta de cumpleaños cuando tenías cinco años?

¿Te hicieron una fiesta por tu cumpleaños?

¿Qué cenaste anoche?

¿Qué comiste la semana pasada?

Guía del capacitador: Solicitar nueva información

Referencia rápida:

» Revisar la última hoja de trabajo

» Presente la idea clave (leer, parafrasear, conectar)

» Completar y revisar la hoja de trabajo

» Práctica adicional

» Retomar la idea clave

» Felicitar a su estudiante y terminar la sesión.

Notas generales: Los estudiantes con TEA suelen reutilizar una pregunta con la que han tenido éxito anteriormente. Eso es excelente, pero pueda suceder que los amigos se cansen de responder la misma pregunta, especialmente si la respuesta no cambia.

Su estudiante necesita saber que cuando estamos conversando debemos recordar lo que hemos preguntado antes y preguntar algo diferente después. Recuerde a su estudiante que está bien volver a hacer la pregunta si realmente necesita la información y la ha olvidado.

Práctica adicional: Elabore 3 o 4 ejemplos más para que su estudiante practique sin un apoyo gráfico.

Después de la sesión: Si su estudiante hace la misma pregunta con mucha frecuencia, recuérdele que debe solicitar nueva información.

Sus notas/ideas adicionales:

2.4 Solicitar nueva información

★

Para decidir de qué hablar con tu amigo, no le pido la información que me ha dicho antes.

Para cada amigo, elige la mejor pregunta.

Max tiene dos hermanas.

☐ ¿Tu hermana comienza la escuela el próximo año?

☐ ¿Tienes hermanos?

El maestro de Lisa es el señor Jones

☐ ¿Qué piensas del señor Jones?

☐ ¿Quién es tu maestro?

La comida favorita de John es la pizza

☐ ¿Cuál es tu comida favorita?

☐ ¿Quieres compartir una pizza para la cena?

Guía del capacitador: *Recordar conversaciones anteriores*

Referencia rápida:

» Revisar la última hoja de trabajo

» Presente la idea clave (leer, parafrasear, conectar)

» Completar y revisar la hoja de trabajo

» Práctica adicional

» Retomar la idea clave

» Felicitar a su estudiante y terminar la sesión.

Notas generales: En esta lección, su estudiante practicará el uso de información que ha escuchado para formular una pregunta relevante que muestre interés en su amigo. Esta es una habilidad muy importante y puede ser bastante desafiante para su estudiante, ya que le exige recordar los detalles de una conversación anterior.

Los estudiantes practicarán más haciendo preguntas en el siguiente capítulo mediante las preguntas de seguimiento. La idea clave de esta hoja de trabajo es que los estudiantes sepan que deben recordar la información sobre sus amigos para usarla en conversaciones posteriores.

Práctica adicional: Elabore 3 o 4 ejemplos más para que su estudiante practique sin un apoyo gráfico. Use ejemplos de la propia vida del estudiante o seleccione uno de los siguientes ejemplos.

- Tu amiga Mila va a nadar todas las semanas, y tú crees que quizás tenga una competencia pronto. ¿Cuál sería una buena pregunta?

- Tu tío George compite en un concurso de pastelería cada agosto y estamos en septiembre. ¿Cuál sería una buena pregunta?

- Tu mamá hoy tuvo una importante reunión en el trabajo y justo acaba de llegar. ¿Cuál sería una buena pregunta?

- Tu papá juega tenis todos los sábados y hoy está jugando con un nuevo compañero. Al llegar a casa después del partido, ¿cuál sería una buena pregunta?

Después de la sesión: Prepare a su estudiante para el antes y después de las conversaciones de la vida real. Después de una conversación, haga que su estudiante piense en una buena pregunta para la próxima vez y así demostrar que estaba escuchando. Antes de una conversación, pídale a su estudiante que piense en una pregunta interesante y relevante.

2.5 Recordar conversaciones anteriores

⭐

Para decidir de qué hablar con tu amigo, demuéstrale que recuerdas lo que te ha dicho antes.

Escribe una respuesta que demuestre que recuerdas lo que dijo tu amigo.

La semana pasada	Esta semana tú preguntas
Voy a ir al parque acuático el fin de semana. Quiero subirme a esa atracción.	

La semana pasada	Esta semana tú preguntas
Tengo una competencia de gimnasia mañana.	

Guía del capacitador: Escuchar las pistas

Referencia rápida:

» Revisar la última hoja de trabajo

» Presente la idea clave (leer, parafrasear, conectar)

» Completar y revisar la hoja de trabajo

» Práctica adicional

» Retomar la idea clave

» Felicitar a su estudiante y terminar la sesión.

Notas generales: Cuando un amigo comienza a hablar, el tema que elige nos dice en qué están interesados. En esta lección, su estudiante practica para identificar y prestar atención a los temas que su amigo le ha presentado.

Con esta habilidad, su estudiante debe reducir la cantidad de veces en las que ignora el tema de un compañero.

Práctica adicional: Cree ejemplos adicionales de la vida real si es posible.

Después de la sesión: Incite a su estudiante a que se dé cuenta de los temas que le interesan a sus amigos.

Sus notas/ideas adicionales:

2.6 Escuchar las pistas

⭐

Para decidir de qué hablar con tu amigo, deberías escuchar las pistas que te da tu amigo.

¿De qué quiere hablar la otra persona?

¡Mi equipo de béisbol ganó el domingo!

_____

¿Puedes creer cuánta tarea nos asignó el señor Morales?

_____

¿Has visto la película La Mujer Maravilla?

_____

Guía del capacitador: Seguir las pistas de mi amigo

Referencia rápida:

>> Revisar la última hoja de trabajo

>> Presente la idea clave (leer, parafrasear, conectar)

>> Completar y revisar la hoja de trabajo

>> Práctica adicional

>> Retomar la idea clave

>> Felicitar a su estudiante y terminar la sesión.

Notas generales: En esta lección, su estudiante practicará con la continuación del tema propuesto por un amigo, en lugar de imponer su propio tema.

Es posible que deba pasar tiempo explicando a su estudiante cómo interpretarlas ideas a fin de averiguar sobre qué quiere hablar un amigo. El primer ejemplo en la hoja de trabajo le dará práctica, ya que su estudiante debe determinar que el tema no se trata sólo de que la gente se enoje, sino de cómo se siente el orador con respecto a su madre.

Práctica adicional: Presente ejemplos adicionales, idealmente de la vida real.

Después de la sesión: Indique cuándo su estudiante pierde las pistas en situaciones cotidianas.

Sus notas/ideas adicionales:

2.7 Seguir las pistas de mi amigo

⭐

Para decidir de qué hablar con tu amigo, deberías seguir las pistas de tu amigo y hablar de lo que quiere hablar.

¿Qué respuesta sigue las pistas dadas por la persona que habla?

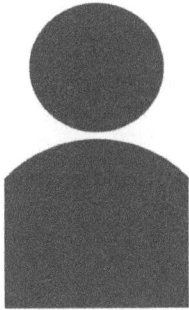

¡Mi mamá me hace enojar!

☐ ¿Qué hizo?

☐ Me enojé ayer por la tarea de matemáticas.

¿Viste el partido de hockey anoche?

☐ Vi una película. ¿Tienes ganas de hablar de eso?

☐ Escuché que el juego fue increíble.

Guía del capacitador: Verificar el tema actual

Referencia rápida:

» Revisar la última hoja de trabajo

» Presente la idea clave (leer, parafrasear, conectar)

» Completar y revisar la hoja de trabajo

» Práctica adicional

» Retomar la idea clave

» Felicitar a su estudiante y terminar la sesión.

Notas generales: En esta lección su estudiante deberá practicaren prestar atención para averiguar si hay algún tema de conversación que ya se ha hablado.

Los niños con TEA tienden a enfocarse en sus propios temas y suelen cambiar el curso de una conversación; por lo tanto, es una habilidad importante el que aprenda a verificar temas anteriores.

Después de la sesión: Antes que se una a un grupo de conversación, pídale a su estudiante que compruebe si hay un tema hablado.

Sus notas/ideas adicionales:

2.8 Verificar el tema actual

⭐

Para decidir de qué hablar con tu amigo, deberías comprobar si hay un tema del ya se ha hablado.

¿De qué tema ya se está hablando?

¿Viste el nuevo teléfono de John?

Sí. Es un modelo realmente caro.

_____

Jax se muda a Nueva York.

¡No puede ser! ¿Cuándo?

_____

¿Has terminado tu proyecto de arte?

Casi todo. ¿Y tú?

_____

Guía del capacitador: Elegir un tema- Revisión

Referencia rápida:

» Revisar la última hoja de trabajo

» Presente la idea clave (leer, parafrasear, conectar)

» Completar y revisar la hoja de trabajo

» Práctica adicional

» Retomar la idea clave

» Felicitar a su estudiante y terminar la sesión.

Notas generales: Su estudiante hasta el momento ha desarrollado muchas habilidades en este capítulo. Use este día como una oportunidad para revisar lo aprendido. Siéntase libre de regresar y rememorar cada una de las hojas de trabajo. Está bien si toma varias sesiones para esta revisión.

Práctica adicional: Elija amigos adicionales e identifique buenos temas.

Después de la sesión: Continúe preguntando/instruyendo, según sea necesario, con el objetivo de atenuar las solicitudes lo antes posible.

Sus notas/ideas adicionales:

2.9 Elegir un tema - Revisión

⭐

Para decidir de qué hablar con tu amigo,

...elijo algo que le interesa.

...elijo algo reciente.

...demuestro que recuerdo lo que mi amigo ya me ha dicho.

...escucho las pistas de mi amigo.

...busco temas de los que ya se ha hablado.

Piensa en 2 amigos y crea un buen tema para hablar con ellos.

Explica por qué es un buen tema.

QUIÉN:_____

QUÉ TEMA:_____

POR QUÉ:_____

QUIÉN:_____

QUÉ TEMA:_____

POR QUÉ:_____

Tema 3
Demostrar que estoy escuchando

Antecedentes

Una parte importante de continuar una conversación es demostrar que estamos escuchando. Si no demostramos que estamos escuchando, entonces daríamos la impresión que estamos aburridos. En otro sentido, si no escuchamos, nos desconectaríamos de la conversación. ¡Eso no es bueno para construir una amistad!

En esta sección, los estudiantes aprenderán a cómo hacer comentarios cortos y acciones que demuestren que están escuchando y se identifican con quien habla.

Guía del capacitador: Agregar un comentario breve

Referencia rápida:

» Revisar la última hoja de trabajo

» Presente la idea clave (leer, parafrasear, conectar)

» Completar y revisar la hoja de trabajo

» Práctica adicional

» Retomar la idea clave

» Felicitar a su estudiante y terminar la sesión.

Notas generales: Anime a su estudiante a usar varias respuestas en lugar de la misma respuesta de siempre. Nos enfocaremos en este problema en una hoja para un posterior trabajo, pero es bueno empezar en de la manera correcta.

Si su estudiante agrega una pregunta de seguimiento o comentario (además de un cortos comentario), está bien.), está bien. Enfoca cualesquiera correcciones sólo en los comentarios cortos, ya que trabajaremos en comentarios de seguimiento y preguntas de seguimiento más adelante.

Práctica adicional: Cuéntele a su estudiante lo que le sucedió en el día o cuáles son sus planes, y luego pídale que agregue comentarios breves.

Después de la sesión: Anime a su estudiante a demostrar que escucha sus conversaciones cotidianas mediante el agregado de un breve comentario.

Sus notas/ideas adicionales:

3.1 Agregar un comentario breve

⭐

Cuando mi amigo hace algo o dice algo, puedo hacer un

pequeño comentario como "genial" o "muy mal".

Puedo decir

Puedo decir

Puedo decir

Guía del capacitador: Conectarse a la emoción

Referencia rápida:

> » Revisar la última hoja de trabajo

> » Presente la idea clave (leer, parafrasear, conectar)

> » Completar y revisar la hoja de trabajo

> » Práctica adicional

> » Retomar la idea clave

> » Felicitar a su estudiante y terminar la sesión.

Notas generales: En esta lección, su estudiante aprenderá a prestar atención a la emoción de su amigo y relacionar su comentario a nivel de esa emoción.

Práctica adicional: Haga diferentes afirmaciones, desde felices a tristes, divertidas hasta aburridas, y ayude a su estudiante a percibirla emoción y hacer una respuesta adecuada.

Después de la sesión: Anime a su estudiante a hacer las respuestas apropiadas a su familia y compañeros.

Sus notas/ideas adicionales:

3.2 Conectarse a la emoción

⭐

Cuando hago un breve comentario, me igualo a la emoción de mi amigo.

Puedo decir

> ¡Ay! Acabo de golpearme en el dedo del pie.

Puedo decir

> Hoy es el cumpleaños de mi mamá.

Puedo decir

> Mi gato murió ayer.

Guía del capacitador: Variar lo que digo

Referencia rápida:

» Revisar la última hoja de trabajo

» Presente la idea clave (leer, parafrasear, conectar)

» Completar y revisar la hoja de trabajo

» Práctica adicional

» Retomar la idea clave

» Felicitar a su estudiante y terminar la sesión.

Notas generales: Anime a su estudiante a utilizar una amplia variedad de respuestas. A veces, los estudiantes con TEA quieren simplificar sus respuestas a algo como "genial" y "eso está muy mal". Para enfrentar esos casos, usted necesita fomentar una variedad de respuestas desde un principio.

Práctica adicional: Haga diferentes afirmaciones, desde felices a tristes, divertidas hasta aburridas, y ayude a su estudiante a percibirla emoción y hacer una respuesta adecuada.

Después de la sesión: Anime a su estudiante a hacer las respuestas apropiadas a su familia y compañeros.

Sus notas/ideas adicionales:

3.3. Variar lo que digo

⭐

Cuando hago un breve comentario, me aseguro de variar lo que digo.

Puedo decir

_____

Puedo decir

_____

Puedo decir

_____

Guía del capacitador: Usar los ojos y el cuerpo

Referencia rápida:

> » Revisar la última hoja de trabajo

> » Presente la idea clave (leer, parafrasear, conectar)

> » Completar y revisar la hoja de trabajo

> » Práctica adicional

> » Retomar la idea clave

> » Felicitar a su estudiante y terminar la sesión.

Notas generales: Mirar a un amigo puede comunicar fácilmente que lo estamos escuchando. Dado que los niños con TEA tienden a evitar el contacto visual, puede que el estudiante no realice esta acción al momento de hablar. Esta hoja de trabajo les brinda a los estudiantes la práctica explícita de usar sus ojos y cuerpo para demostrar que están escuchando.

Las sonrisas, los movimientos de cabeza y otros gestos también se pueden usar para demostrar que le están prestando atención a su amigo. Anime a su estudiante a probar estas técnicas en la práctica que tiene junto a usted.

Práctica adicional: Dedique unos minutos para que su estudiante demuestre que está escuchando usando SOLO los ojos y el cuerpo.

Después de la sesión: Anime a su estudiante a demostrar que está escuchando con sus ojos, cuerpo o mediante un breve comentario.

Sus notas/ideas adicionales:

3.4 Usar los ojos y el cuerpo

⭐

Si mi amigo me está mirando, puedo mostrar con mis ojos y mi cuerpo que estoy escuchando. Lo importante es demostrar que he oído.

¿Vienes?

Puedo mostrar que estoy escuchando con mis ojos o mi cuerpo al:

_____

_____

¡Ay! Acabo de golpearme en el dedo del pie.

Puedo mostrar que estoy escuchando con mis ojos o mi cuerpo al:

_____

_____

Mira esto. Es genial.

Puedo mostrar que estoy escuchando con mis ojos o mi cuerpo al:

_____

_____

Guía del capacitador: Practiquemos

Referencia rápida:

» Revisar la última hoja de trabajo

» Presente la idea clave (leer, parafrasear, conectar)

» Completar y revisar la hoja de trabajo

» Práctica adicional

» Retomar la idea clave

» Felicitar a su estudiante y terminar la sesión.

Notas generales: En lugar de completar la hoja de trabajo, una buena forma de practicar es que el capacitador mencione alguna frase o declaración y el estudiante le responda. Esto es mucho más parecido a una conversación real y ayudará con la generalización de las habilidades.

Práctica adicional: Siga haciendo comentarios para que su estudiante responda.

Después de la sesión: Aumente sus expectativas sobre cómo responderá su estudiante a la familia y los amigos en la vida real. Ofrezca indicaciones según sea necesario.

Sus notas/ideas adicionales:

3.5 Practiquemos

⭐

Practiquemos mostrando que estamos escuchando.

Esta es una foto de mi abuela. Ella es muy vieja.

Puedo decir:

_____

_____

Quiero un perro, pero mi papá dice que no.

Puedo decir:

_____

_____

¡Ah! Llegué tarde al fútbol.

Puedo decir:

_____

_____

Guía del Capacitador: Revisión

Referencia rápida:

> » Revisar la última hoja de trabajo

> » Presente la idea clave (leer, parafrasear, conectar)

> » Completar y revisar la hoja de trabajo

> » Práctica adicional

> » Retomar la idea clave

> » Felicitar a su estudiante y terminar la sesión.

Notas generales: Hoy se debe enfocar más en la práctica. Puede ser útil anotar algunas de las respuestas de su estudiante para que este pueda compararlas con la lista de verificación que se encuentra en la parte inferior de la página.

Sus notas/ideas adicionales:

3.6 Revisión

Revisión.

Practica con tu capacitador.

Mi capacitador dijo:_____

Yo respondí:_____

Mi capacitador dijo:_____

Yo respondí:_____

Mi capacitador dijo:_____

Yo respondí:_____

Lista de verificación

- Usé mi cuerpo para mostrar que estaba escuchando

- Usé varias palabras

- Coincidí con la emoción de quien habla.

Tema 4
Hacer una pregunta de seguimiento

Antecedentes

En esta sección, su estudiante aprenderá a cómo formular una pregunta de seguimiento apropiada al tema mencionado por el compañero de conversación. Una pregunta de seguimiento es una pregunta relacionada al tema de conversación actual.

Algunos ejemplos de preguntas de seguimiento apropiadas son:

A: ¡Fui a Playland ayer!

B: ¡Eso suena divertido! ¿A qué atracciones subiste?

A: Fui a acampar el fin de semana.

B: Genial. ¿A dónde fuiste?

Las preguntas de seguimiento suelen ir precedidas de un breve comentario, tal como se ilustra en los ejemplos anteriores.

Guía del capacitador: Hacer una pregunta de seguimiento

Referencia rápida:

» Revisar la última hoja de trabajo

» Presente la idea clave (leer, parafrasear, conectar)

» Completar y revisar la hoja de trabajo

» Práctica adicional

» Retomar la idea clave

» Felicitar a su estudiante y terminar la sesión.

Notas generales: Anime a su estudiante a identificar más de una pregunta de seguimiento por enunciado. Por lo general, hay muchas posibles preguntas de seguimiento y es bueno que su estudiante entienda eso.

Práctica adicional: Haga declaraciones sobre lo que sucedió recientemente y pídale algunas preguntas de seguimiento a su estudiante.

Después de la sesión: Anime a su estudiante a hacer preguntas de seguimiento durante las conversaciones.

Sus notas/ideas adicionales:

4.1 Hacer una pregunta de seguimiento

⭐

Después de que mi amigo diga algo, puedo hacer una pregunta de seguimiento. Esto significa que pregunto sobre lo que dijo mi amigo.

¿Qué preguntas puedo hacer?

Tengo un perro llamado Harry.

¡Matemáticas es difícil!

Tengo clase de tenis hoy.

Guía del capacitador: Hacerlo relacionado

Referencia rápida:

» Revisar la última hoja de trabajo

» Presente la idea clave (leer, parafrasear, conectar)

» Completar y revisar la hoja de trabajo

» Práctica adicional

» Retomar la idea clave

» Felicitar a su estudiante y terminar la sesión.

Notas generales: Los niños con TEA suelen tener dificultades para seguir la intención de la declaración de un amigo, por lo que pueden tener problemas para formular sus preguntas de seguimiento sobre el tema. Ayude a su estudiante a pensar POR QUÉ su amigo hizo cierta declaración. Eso ayudará a su estudiante a hacer una pregunta de seguimiento relevante.

Por ejemplo, cuando un amigo le dice que compró un nuevo videojuego, probablemente esté entusiasmado con el juego, yes posible que quiera que le pregunte sobre el juego.

Práctica adicional: Proporcione más ejemplos para que su estudiante practique.

Después de la sesión: Anime a su estudiante a que durante su vida cotidiana haga preguntas de seguimiento sobre el tema en cuestión.

Sus notas/ideas adicionales:

4.2 Hacerlo relacionado

⭐

*Mi pregunta de seguimiento debe estar **relacionada** con lo que dijo mi amigo. Esto se llama "estar en el tema".*

¿Qué pregunta está relacionada?

Mi papá compró un auto nuevo.	☐ ¿Qué tipo de auto compró? ☐ ¿Quieres saber sobre el extraño auto que vi ayer?
Va a nevar esta noche.	☐ ¿Tienes tarea de matemáticas? ☐ ¿Dijeron cuánta nieve?
Tengo el nuevo juego de Mario.	☐ ¿Cuál? ☐ ¿Juegas ajedrez?

Guía del capacitador: Pedir nueva información

Referencia rápida:

» Revisar la última hoja de trabajo

» Presente la idea clave (leer, parafrasear, conectar)

» Completar y revisar la hoja de trabajo

» Práctica adicional

» Retomar la idea clave

» Felicitar a su estudiante y terminar la sesión.

Notas generales: A veces los niños con TEA piden información que usted ya SABE que ellos saben. Esta hoja de trabajo ayuda a los estudiantes a pensar sobre lo que ya saben, y a preguntar sobre lo que aún no saben.

Sus notas/ideas adicionales:

4.3 Pedir nueva información

Mi pregunta de seguimiento no debería pedir información que

ya conozco. En su lugar, pido nueva información.

¿Qué pregunta pide nueva información?

Pediremos pizza esta noche.

La pizza favorita de John es la Suprema.

☐ ¿Cuál es tu pizza favorita?

☐ ¿Pedirás una Suprema?

Nuestra maestra no viene hoy.

Solo tenemos un maestro.

☐ ¿Por qué no vino?

☐ ¿Quién se fue?

¡Por fin superé el nivel final!

Ha estado practicando para vencer a Cat Go.

☐ ¿Qué juego terminaste?

☐ ¿Cómo lo hiciste?

Guía del capacitador: Mantener el tema de mi amigo

Referencia rápida:

» Revisar la última hoja de trabajo

» Presente la idea clave (leer, parafrasear, conectar)

» Completar y revisar la hoja de trabajo

» Práctica adicional

» Retomar la idea clave

» Felicitar a su estudiante y terminar la sesión.

Notas generales: Muchos niños con TEA tienen intereses especiales en los que pasan mucho tiempo pensando y hablando. Al hacer una pregunta de seguimiento, pueden conectar el tema a su propio interés especial.

Use esta hoja de trabajo para ayudar a su estudiante a considerar lo que dijo su amigo y pensar sobre lo que su amigo probablemente quiere hablar.

Después de la sesión: En la vida cotidiana, ayude a su estudiante a pensar sobre qué quieren hablar sus amigos.

Sus notas/ideas adicionales:

4.4 Mantener el tema de mi amigo

Mi pregunta de seguimiento debe estar relacionada con los intereses de mi amigo, y no con mis propios intereses.

¿Qué respuesta se mantiene en el tema que se habla?

Ayer quería ir a un parque temático.

Me encanta la soda.

☐ ¿Tomaste una Coca Cola en el almuerzo?

☐ ¿Cuál fue tu atracción favorita?

Nuestra gata tuvo cinco gatitos.

A mi gato le gusta saltar.

☐ ¿Te quedarás los gatos?

☐ Mi gato es muy bueno saltando.

¡Odio las tareas de matemáticas!

Me gustan las matemáticas.

☐ ¿Ya has aprendido de las fracciones?

☐ ¿Tienes alguno hoy?

Guía del capacitador: Usar preguntas abiertas

Referencia rápida:

» Revisar la última hoja de trabajo

» Presente la idea clave (leer, parafrasear, conectar)

» Completar y revisar la hoja de trabajo

» Práctica adicional

» Retomar la idea clave

» Felicitar a su estudiante y terminar la sesión.

Notas generales: Las preguntas abiertas son preguntas usando el 'qué', 'cuándo', 'dónde', etc. Estas obligan a nuestro compañero de conversación a hacer una respuesta que sea más informativa. Las preguntas abiertas se diferencian alas preguntas en donde solo obtienes como respuestas "sí" o "no".

Las preguntas abiertas demuestran que usted desea saber más sobre el tema. Por ejemplo:

A: ¿Qué hiciste en el parque temático?

B: ¡Fui a todas las montañas rusas cinco veces!

Las preguntas de sí/no, no permiten que nuestro compañero de conversación agregue mucha información.

A: ¿Fuiste a la rueda de la fortuna?

B: No

Utilizar muchas preguntas de sí/no también puede sonar como un interrogatorio.

A: ¿Fuiste a la rueda de la fortuna?

B: No.

A: ¿Fuiste al carrusel?

B: No.

A: ¿Comiste en McDonald's?

B: No.

Con la hoja de trabajo de hoy, usted ayudará a su estudiante a usar las preguntas abiertas. Si su estudiante previamente ha sido un "interrogador", se sorprenderá de lo fácil que le será tener una conversación.

Después de la sesión: En la vida real puede que necesite un poco de indicaciones, sin embargo, esta actividad valdrá la pena a fin de mejorar la habilidad de conversación.

4.5 Usar preguntas abiertas

Las buenas preguntas de seguimiento son preguntas abiertas que comienzan con CUÁNDO, DÓNDE, POR QUÉ, QUIÉN, CÓMO, QUÉ, etcétera.

Piense en algunas preguntas de seguimiento para estas afirmaciones.

Fui a patinar el fin de semana.

Cuándo_____

Dónde_____

Quién_____

Cómo_____

Por qué_____

Qué_____

Mi papá se enojó mucho conmigo ayer.

Cuándo_____

Dónde_____

Quién_____

Cómo_____

Por qué_____

Qué_____

Guía del capacitador: Practiquemos con las preguntas abiertas

Referencia rápida:

» Revisar la última hoja de trabajo

» Presente la idea clave (leer, parafrasear, conectar)

» Completar y revisar la hoja de trabajo

» Práctica adicional

» Retomar la idea clave

» Felicitar a su estudiante y terminar la sesión.

Notas generales: Incluimos un segundo día de práctica para las preguntas abiertas. Usted puede usar este tiempo para consolidar en su alumno la habilidad de solicitar **nueva** información **relacionada** a los intereses de sus amigos.

Sus notas/ideas adicionales:

4.6 Practiquemos preguntas abiertas

⭐

Practiquemos más preguntas de seguimiento abiertas.

Piense en algunas preguntas de seguimiento para estas afirmaciones.

Mi maestro estrelló su auto camino a la escuela.

Cuándo_____

Dónde_____

Quién_____

Cómo_____

Por qué_____

Qué_____

Tengo muchas ganas de conseguir más cartas de Pokémon.

Cuándo_____

Dónde_____

Quién_____

Cómo_____

Por qué_____

Qué_____

Guía del capacitador: Mirar cuando empiezo a hablar

Referencia rápida:

» Revisar la última hoja de trabajo

» Presente la idea clave (leer, parafrasear, conectar)

» Completar y revisar la hoja de trabajo

» Práctica adicional

» Retomar la idea clave

» Felicitar a su estudiante y terminar la sesión.

Notas generales: El enfoque de esta sesión es otro ligero recordatorio sobre el contacto visual y el lenguaje corporal. Si su estudiante logra recordar mirar a su amigo cada vez que hace una pregunta de seguimiento, su conversación se verá mucho más natural.

Después de la sesión: Al igual que muchas de las habilidades en este libro, el contacto visual y el lenguaje corporal necesitan practicarse durante la vida cotidiana para poder consolidarlo.

Sus notas/ideas adicionales:

4.7 Mirar cuando empiezo a hablar

★

Debería mirar brevemente a mi amigo cuando le haga mi pregunta de seguimiento para que sepa que estoy hablando con él.

Practica preguntas de seguimiento con tu capacitador. Él o ella te darán puntos por cada pregunta de seguimiento.

Me miró durante la pregunta de seguimiento	No me miró durante la pregunta de seguimiento

Guarde esta hoja de puntuación para más tarde. Hágalo de nuevo en una o dos semanas. ¿Hiciste más puntos?

Me miró durante la pregunta de seguimiento	No me miró durante la pregunta de seguimiento

Guía del capacitador: Revisión

Referencia rápida:

» Revisar la última hoja de trabajo

» Presente la idea clave (leer, parafrasear, conectar)

» Completar y revisar la hoja de trabajo

» Práctica adicional

» Retomar la idea clave

» Felicitar a su estudiante y terminar la sesión.

Notas generales: Hoy es una oportunidad para practicar uniendo todas las habilidades. Diviértanse probándolas unos a otros.

Sus notas/ideas adicionales:

4.8 Revisión

Revisión

Practica preguntas de seguimiento con tu capacitador.

Puedes usar la siguiente lista de verificación para calificarse

mutuamente.

- Siguió el tema

- Pidió nueva información

- Está relacionado con los intereses de su amigo

- Hizo una pregunta abierta usando una palabra con WH

- Incluyó el contacto visual.

Tema 5
Agregar un comentario de seguimiento

Antecedentes

En esta sección, los estudiantes aprenderán a hacer comentarios de seguimiento. Un comentario de seguimiento es un comentario en donde alguien responde a lo que se acaba de decir con una información relevante.

Por ejemplo:

A: Fui al cine el fin de semana.

B: ¡Hey, yo también!

En esta conversación, el "¡Hey, yo también!" es un comentario de seguimiento al ser una información adicional relevante al tema que A introdujo.

Los comentarios de seguimiento se suelen utilizar como una alternativa a las preguntas de seguimiento.

Guía del capacitador: Agregar un comentario de seguimiento

Referencia rápida:

» Revisar la última hoja de trabajo

» Presente la idea clave (leer, parafrasear, conectar)

» Completar y revisar la hoja de trabajo

» Práctica adicional

» Retomar la idea clave

» Felicitar a su estudiante y terminar la sesión.

Notas generales: Al principio, su estudiante puede tener problemas para pasar de las preguntas de seguimiento a los comentarios de seguimiento. Una guía es que piense en un comentario de seguimiento como si agregara una nueva información al tema actual.

Después de la sesión: Fomente los comentarios de seguimiento en la vida cotidiana.

5.1 Agregar un comentario de seguimiento

⭐

Después que mi amigo diga algo, puedo hacer un breve comentario y añadir un comentario de seguimiento.

Esto significa que agrego información a lo que dijo mi amigo.

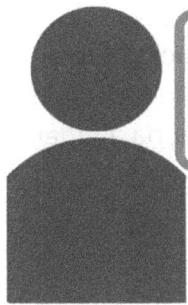

Comimos pizza anoche en la cena.

¿Qué comentario de seguimiento puedo agregar?

_____

_____

Estoy ahorrando para una nueva pistola Nerf.

¿Qué comentario de seguimiento puedo agregar?

_____

_____

Ya no juego Minecraft.

¿Qué comentario de seguimiento puedo agregar?

_____

_____

Guía del capacitador: Relacionar el comentario

Referencia rápida:

- » Revisar la última hoja de trabajo

- » Presente la idea clave (leer, parafrasear, conectar)

- » Completar y revisar la hoja de trabajo

- » Práctica adicional

- » Retomar la idea clave

- » Felicitar a su estudiante y terminar la sesión.

Notas generales: El comentario de seguimiento de su estudiante debe estar relacionado al tema y la intención de quien habla. Tenga cuidado de que su estudiante relacione los temas de su compañero de conversación con sus intereses especiales. Es posible que deba ayudar a su estudiante a pensar sobre lo que su amigo quiere hablar.

Sus notas/ideas adicionales:

5.2 Relacionar el comentario

⭐

Mi comentario de seguimiento debe estar relacionado con lo que dijo mi amigo. Esto es "estar en el tema".

¿Qué comentario de seguimiento está relacionado?

Mi clase tenía música hoy.

☐ Mi clase también lo hizo.

☐ Voy a esquiar mañana.

Mi equipo perdió.

☐ Mi equipo es muy bueno.

☐ Eso apesta. Odio perder.

Tengo que irme.

☐ Sí. Yo también.

☐ Más tarde, iré a mi lección de guitarra.

Guía del capacitador: Dar nueva información

Referencia rápida:

» Revisar la última hoja de trabajo

» Presente la idea clave (leer, parafrasear, conectar)

» Completar y revisar la hoja de trabajo

» Práctica adicional

» Retomar la idea clave

» Felicitar a su estudiante y terminar la sesión.

Notas generales: Los estudiantes con TEA suelen dar información que han dicho antes. Ayude a su estudiante a darse cuenta que debe proporcionar información que sea nueva para su compañero de conversación. Los oyentes no quieren escuchar información que ya conocen.

Práctica adicional: Si su estudiante tiene dificultades, proporcione una práctica adicional.

Sus notas/ideas adicionales:

5.3 Dar nueva información

Mi comentario de seguimiento debe contener información nueva para mi amigo. Esto significa que él no conoce esa información.

¿Qué comentario añade nueva información?

Estamos con un nuevo maestro.	☐ Escuché que estaríamos con un nuevo maestro.
	☐ Espero que ella sea mejor que nuestra maestra actual.
El nuevo maestro empieza mañana.	☐ He oído que es muy duro.
	☐ Mañana es martes.
El nuevo maestro es vegetariano.	☐ Eso significa que no come carne.
	☐ ¿En serio? No lo sabía.

Guía del capacitador: Usar una variedad de respuestas

Referencia rápida:

» Revisar la última hoja de trabajo

» Presente la idea clave (leer, parafrasear, conectar)

» Completar y revisar la hoja de trabajo

» Práctica adicional

» Retomar la idea clave

» Felicitar a su estudiante y terminar la sesión.

Notas generales: Los estudiantes con TEA pueden ser rígidos al responder. En esta lección, su estudiante aprenderá que está bien tener una variedad de respuestas al momento de conversar. El alumno puede hacer solo un breve comentario, o un breve comentario y un comentario de seguimiento, o simplemente un comentario de seguimiento.

Práctica adicional: Siga haciendo enunciados y anime a su estudiante a responder con una variedad de respuestas.

Sus notas/ideas adicionales:

5.4 Usar una variedad de respuestas

⭐

Puedo hacer un breve comentario y un comentario de

seguimiento, o puedo hacer solo uno de ellos.

Responde a tu amigo.

> Mi papá perdió su trabajo.

_____

_____

_____

> Mi hermana tiene novio.

_____

_____

_____

> Voy a ir a un campamento de fútbol este verano.

_____

_____

_____

Guía del capacitador: Usar mis ojos

Referencia rápida:

» Revisar la última hoja de trabajo

» Presente la idea clave (leer, parafrasear, conectar)

» Completar y revisar la hoja de trabajo

» Práctica adicional

» Retomar la idea clave

» Felicitar a su estudiante y terminar la sesión.

Notas generales: Nuevamente tocamos la importancia del contacto visual y el lenguaje corporal. La simple métrica introducida aquí ayudará a su estudiante a adaptar el contacto visual más típico.

Práctica adicional: Haga practicar al estudiante y revise esta lección hasta que su contacto visual ocurra de forma natural.

Después de la sesión: Estimule a su alumno a promover el contacto visual en su vida cotidiana.

Sus notas/ideas adicionales:

5.5 Usar mis ojos

Cuando comienzo un comentario de seguimiento, debo mirar a mi amigo para que sepa que estoy hablando con él.

Practica comentarios de seguimiento con tu capacitador. Él o ella te darán puntos por cada comentario de seguimiento.

Me miró durante el comentario de seguimiento	No me miró durante el comentario de seguimiento

Guarde esta hoja de puntuación para más tarde. Hágalo de nuevo en una o dos semanas. ¿Hiciste más puntos?

Me miró durante el comentario de seguimiento	No me miró durante el comentario de seguimiento

Guía del capacitador: Revisión

Referencia rápida:

» Revisar la última hoja de trabajo

» Presente la idea clave (leer, parafrasear, conectar)

» Completar y revisar la hoja de trabajo

» Práctica adicional

» Retomar la idea clave

» Felicitar a su estudiante y terminar la sesión.

Notas generales: Hoy es una oportunidad para practicar uniendo todas las habilidades practicadas. Diviértanse probándolas unos a otros.

Sus notas/ideas adicionales:

5.6 Revisión

Revisión.

Practica comentarios de seguimiento con tu capacitador. También puedes agregar algunas preguntas de seguimiento si te sientes cómodo.

Junto a tu capacitador puedes usar la siguiente lista de verificación para calificarte.

- Siguió el tema
- Dio nueva información
- Está relacionado con los intereses/temas de mi amigo
- Incluyó el contacto visual.

Tema 6
Hacer conversación

Antecedentes

En esta sección, los estudiantes practican conversaciones prolongadas utilizando una combinación de comentarios cortos, preguntas de seguimiento y comentarios de seguimiento.

¡Su estudiante ha recorrido un largo camino!

Guía del capacitador: Usar una variedad

Referencia rápida:

» Revisar la última hoja de trabajo

» Presente la idea clave (leer, parafrasear, conectar)

» Completar y revisar la hoja de trabajo

» Práctica adicional

» Retomar la idea clave

» Felicitar a su estudiante y terminar la sesión.

Notas generales: En esta lección, asegúrese que su estudiante pueda responder con fluidez a los enunciados de la conversación utilizando tanto los comentarios de seguimiento como las preguntas de seguimiento. Está bien si su estudiante usa apropiadamente ambos en una respuesta.

Si su estudiante tiene dificultades, recuerde que puede hacer un enunciado para que su estudiante realice una lluvia de ideas de múltiples respuestas.

Practica adicional: Seguir hablando ☺

Sus notas/ideas adicionales:

6.1 Usar una variedad

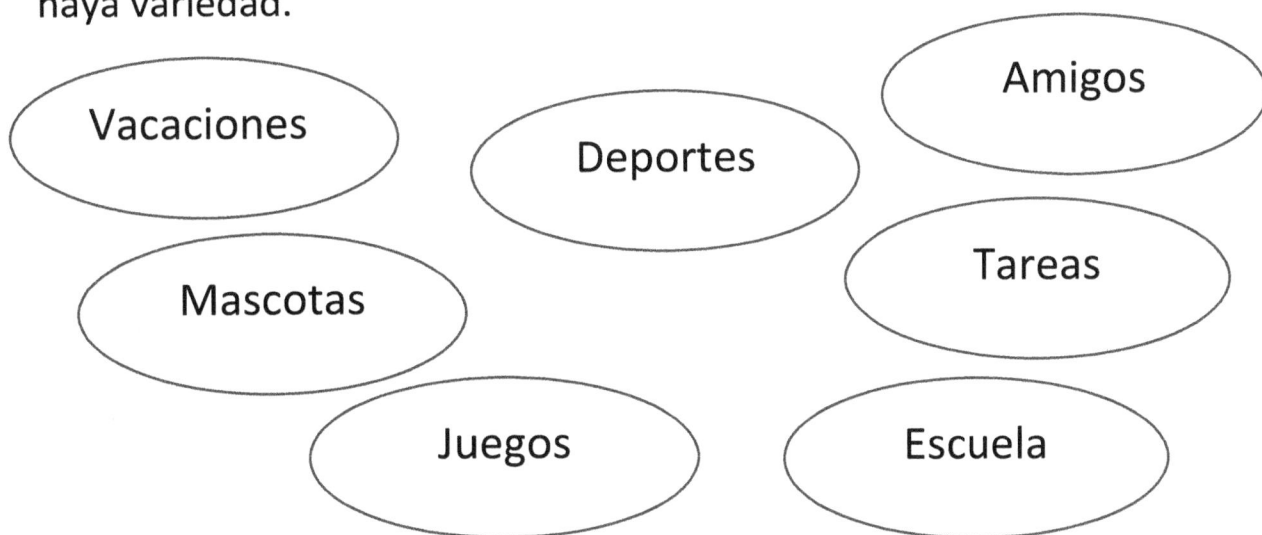

Cuando mi amigo dice algo, puedo usar una pregunta de seguimiento o un comentario de seguimiento. Es bueno mezclarlos.

Capacitador: Elija un tema y haga un enunciado. Su estudiante debe responder con una pregunta o un comentario de seguimiento. Cuente la frecuencia con que usa cada uno para asegurarse de que haya variedad.

Vacaciones

Deportes

Amigos

Mascotas

Tareas

Juegos

Escuela

El comentario de seguimiento	La pregunta de seguimiento

Guía del capacitador: Practiquemos

Referencia rápida:

» Revisar la última hoja de trabajo

» Presente la idea clave (leer, parafrasear, conectar)

» Completar y revisar la hoja de trabajo

» Práctica adicional

» Retomar la idea clave

» Felicitar a su estudiante y terminar la sesión.

Notas generales: La lección de hoy implica tener más práctica para que su estudiante responda con fluidez y use preguntas de seguimiento y comentarios de seguimiento.

Sus notas/ideas adicionales:

6.2 Practiquemos

★

Practiquemos.

Capacitador: Elija un tema y haga un enunciado. Su estudiante debe responder con una pregunta o un comentario de seguimiento. Cuente la frecuencia con que usa cada uno para asegurarse de que haya variedad.

Algo en lo que soy bueno

El fin de semana pasado

Familiares

La última película que vi

Próximo fin de semana

Mi actividad favorita

El comentario de seguimiento	La pregunta de seguimiento

Guía del capacitador: Dos turnos cada uno

Referencia rápida:

>> Revisar la última hoja de trabajo

>> Presente la idea clave (leer, parafrasear, conectar)

>> Completar y revisar la hoja de trabajo

>> Práctica adicional

>> Retomar la idea clave

>> Felicitar a su estudiante y terminar la sesión.

Notas generales: Las próximas sesiones se enfocan en extender el número de turnos que hay en el intercambio de la conversación. Mantenga presente todas las ideas clave. Asegúrese que las respuestas de su estudiante sean sobre el tema, ideas nuevas y variadas.

Anotar las debilidades y pasar una sesión o dos revisando esa hoja de trabajo.

Sus notas/ideas adicionales:

6.3 Dos turnos cada uno

⭐

Usando comentarios y preguntas de seguimiento, mi amigo y yo

podemos seguir hablando sobre un tema.

Meta: 2 turnos cada uno.

Elija un tema y siga hablando hasta que hayan tenido dos turnos cada uno. Use estos temas o elija los suyos.

Película favorita

Comida favorita

Día festivo favorito

Pasatiempo favorito

Asignatura favorita

Mi lugar favorito

Bebida favorita

Guía del capacitador: Tres turnos cada uno

Referencia rápida:

» Revisar la última hoja de trabajo

» Presente la idea clave (leer, parafrasear, conectar)

» Completar y revisar la hoja de trabajo

» Práctica adicional

» Retomar la idea clave

» Felicitar a su estudiante y terminar la sesión.

Notas generales: Sus conversaciones deben extenderse a tres turnos cada uno. No se sienta obligado a permanecer en el mismo tema. Está bien que el tema se transforme gradualmente, siempre que sea una progresión natural que cumpla con todas las ideas clave.

Sus notas/ideas adicionales:

6.4 Tres turnos cada uno

⭐

Usando comentarios y preguntas de seguimiento, mi amigo y yo

podemos seguir hablando sobre un tema.

Meta: 3 turnos cada uno.

Elija un tema y siga hablando hasta que hayan tenido tres turnos cada uno. Use estos temas o elija los suyos.

¿Qué quieres para tu cumpleaños?

¿Qué instrumento musical te gustaría?

¿Qué quieres ser cuando seas grande?

¿Cuál es la asignatura que menos te gusta?

¿Dónde quieres vivir cuando seas grande?

¿Qué libro te gusta más?

Guía del capacitador: Cuatro turnos cada uno

Referencia rápida:

» Revisar la última hoja de trabajo

» Presente la idea clave (leer, parafrasear, conectar)

» Completar y revisar la hoja de trabajo

» Práctica adicional

» Retomar la idea clave

» Felicitar a su estudiante y terminar la sesión.

Notas generales: Su conversación debe extenderse a cuatro turnos cada uno. Como se mencionó anteriormente, el tema de la conversación puede cambiar, siempre y cuando se cumplan los criterios de las ideas clave.

Sus notas/ideas adicionales:

6.5 Cuatro turnos cada uno

★

Usando comentarios y preguntas de seguimiento, mi amigo y yo

podemos seguir hablando sobre un tema.

Meta: 4 turnos cada uno.

Elija un tema y siga hablando hasta que hayan tenido cuatros turnos cada uno. Use estos temas o elija los suyos.

¿Qué fue divertido esta semana?

¿Prefieres ser el más joven o el más viejo?

¿En qué mundo de videojuegos te gustaría vivir?

¿Qué harías si fueras el maestro?

¿Cuál es tu actividad favorita para hacer solo?

¿Cuál es tu actividad favorita para hacer en familia?

Guía del capacitador: Revisión

Referencia rápida:

» Revisar la última hoja de trabajo

» Presente la idea clave (leer, parafrasear, conectar)

» Completar y revisar la hoja de trabajo

» Práctica adicional

» Retomar la idea clave

» Felicitar a su estudiante y terminar la sesión.

Notas generales: Es el último día de práctica. Usar la lista de verificación para cada uno como una verificación final de la competencia. ¡Celebre el progreso con su estudiante!

Sus notas/ideas adicionales:

6.6 Revisión

Revisión.

¡El objetivo de hoy es simplemente hablar! Capacitador, use la siguiente lista de verificación para identificar las áreas que necesitan un poco más de revisión:

- Seguir el tema
- Dar nueva información
- Estar relacionado con los intereses/tema de mi amigo
- Incluir contacto visual
- Incluir comentarios y preguntas en la conversación.

CERTIFICADO
DE
LOGROS

ESTE CERTIFICADO SE OTORGA A

_____

EN RECONOCIMIENTO DE

_____

_____   _____

FECHA   **FIRMA**   105

¿Y ahora qué?

¡Busque el siguiente libro de nuestra serie de *Habilidades Sociales de Seis Minutos*!

Disponible en Amazon o en www.HappyFrogPress.com

¿Necesita más recursos?

Happy Frog Apps y *Happy Frog Press* crean recursos de alta calidad para niños de primaria con autismo y otros desafíos sociales o del lenguaje.

Nuestras aplicaciones, libros de trabajo y planes de estudio han sido reconocidas en distintas premiaciones, gracias a nuestros métodos que implican un amplio enfoque en la comprensión de lectura, habilidades sociales y matemáticas en los niveles de 2º a 6º.

A nuestros usuarios les encanta nuestras recompensas incorporadas y el aprendizaje gradual cuidadosamente nivelado.

A los SLP, a los maestros y a los padres, les encantan nuestros informes detallados y el diseño orientado al éxito.

¡Visite nuestro sitio web hoy mismo para registrarse y obtener aplicaciones GRATUITAS!

www.ingramcontent.com/pod-product-compliance
Lightning Source LLC
Chambersburg PA
CBHW081418090426
42738CB00017B/3415